bobos à l'âme

bobos à l'âme

mise en page Bénédicte Pichenot
Photographie couverture © Альона Бакалець
Illustrations © Marie-Lou Ranson

© Bénédicte Pichenot, 2024
Édition : BoD · Books on Demand GmbH, In de Tarpen 42,
22848 Norderstedt (Allemagne)
Impression : Libri Plureos GmbH, Friedensallee 273,
22763 Hamburg (Allemagne)
ISBN : 978-2-3225-5076-0
Dépôt légal : Octobre 2024

bobos à l'âme

bénédicte

bobos à l'âme

I. La tristesse de vivre

je ne me souviens plus vraiment du jour
où toutes ces pensées noires
ont habité ma tête
je ne me souviens plus vraiment
de la chaleur d'un cœur
de la douceur d'une main
mais seulement de ce profond chagrin
celui qui me ronge affectueusement
parce qu'il aime me faire du mal
c'est son affection
sa bénédiction
pendant que je souffre
d'un amour sans raison

la première fois
je n'étais qu'une petite fille
un après-midi,
j'avais mal à la tête
le ventre serré
je me suis allongée
en me questionnant pour la première fois
sur ma place dans le monde
sur la mort plutôt que la vie
et de là j'ai senti,
une ombre me tendre la main
des yeux rouges voler les miens
pour la première fois,
mon monde ne tournait plus rond
et depuis,
il n'a jamais cessé sa traversée

enfant,
on ne m'aimait pas vraiment
sans savoir pourquoi
je défiais toutes les lois
je voulais être comme les autres
mais les autres étaient les autres
et moi, j'étais seulement moi
sans vraiment savoir qui
à pleurer au fin fond de mon lit

en grandissant,
mes cordes vocales ont souffert
j'avais besoin d'exprimer ma colère
je me sentais invisible
comme les couloirs d'une maison vide
on déchire les papiers peints
pour découvrir d'autres papiers peints
et moi je porte des masques
et lorsqu'on me démasque
j'en porte un autre
quitte à périr

je ne sais pas pourquoi je parle au passé
certainement parce que,
je ne suis plus une enfant
mais une adulte démunie de ses sentiments
coincée quelque part dans le temps
je veux recevoir des pivoines
avant qu'elles ne fanent
mais je ne vois pas le rose des pétales
il y a seulement ce vase
aussi vide que mon âme

à la fin du récit
la jeune fille tombe en ruine
étendue dans son lit
le regard au plafond
un peu de rouge pour calmer la douleur
un peu de noir pour détruire son cœur
elle ne sourit plus
l'ancienne a disparu

alors que je suis au bord de la mort
j'entends les anges aux alentours
pendant que je me laisse mourir
parce que je n'ai pas la force
de mettre un terme à cette vie
comme si j'avais toujours cet espoir
d'être sauvée de ma souffrance
et de me relever
comme un nouveau-né

comme toi,
je me suis mise à détester le monde entier
j'ai l'impression d'avoir été abandonnée
et égoïstement j'aimerais que,
ceux qui ont le sourire souffrent aussi
pour ne pas être seule
à descendre jusqu'aux Enfers
parce que j'ai peur
de me retrouver sans personne
dans un monde complètement noir

écoute les voix dans ma tête
non, tu ne les entends pas
elles me disent de me faire du mal
pour éteindre la souffrance là-haut
dans ma tête,
et moi j'oscille entre obéir et désobéir
mais parfois elles crient plus fort
tellement fort que je m'exécute
et alors je ne ressens plus rien
il n'y a plus aucune douleur
le temps d'un instant
je me sens rassasiée

encore une nuit
à errer dans la chambre
et soudain ce vide
il me tourmente
je veux mourir
alors je me détruis la peau
pour l'adrénaline
pour remplir le vide
il y a du sang partout
ça brûle
j'écris ces mots
des lignes rouges sur le corps
la couleur des tulipes du printemps
de mes yeux rouge sang
je pleure sans m'arrêter
je me prends pour un monstre
qui veux partir
pour échapper à la fosse

je me réveille
j'ai mal partout
je regrette l'acte de la veille
c'était comme une pulsion
une voix dans ma tête
qui me chante la symphonie de la mort
tu aimes ça, me dit-elle
alors que je déteste ça
mais pourtant je le fais
encore et encore
en espérant ressentir
quelque chose de plus fort
que cette voix qui hurle
à l'intérieur de mon crâne

j'ai besoin de dormir
d'un repos éternel
pour effacer ma mémoire
je veux cueillir des chrysanthèmes
et les faire fleurir sur ma tombe
de loin j'observerais de mon ombre
ceux qui viendront les entretenir
mais je peine à savoir
qui pensera à moi
quand je ne serais plus là

comment nettoyer mon cœur
de toutes les impuretés qu'il a accumulé
je ne sais plus
si c'est de ma faute
ou si c'est celles des autres
mon cœur est mort
je le touche de ma main
mais je ne sens aucune pulsation
pour deviner la moindre vie

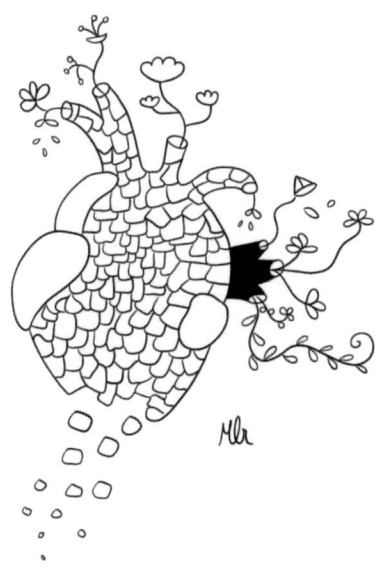

comment savoir si je suis en vie
je penche vers la mort
elle m'appelle tellement fort
si fort que j'en tremble encore
alors je préfère être ivre morte
pour rejoindre le mauve du ciel
plutôt que de rester bloquée sous cette pluie
qui dévoile un ciel bien gris

une nouvelle fois
je prends de nouvelles doses
cette fois-ci, c'est celle de trop
je n'ai plus les mots
j'entends le sifflement
celui qui te ramène aux pays des morts
à force de faire la fête
sans vraiment y être
je déteste mon monde
pourtant je recommence
mille et une fois
jusqu'à ce que la dernière
soit fatale pour moi

c'est la symphonie de la faucheuse
dans son large habit noir
sa faux tranchante à la main
elle me rappelle toutes les fois
où j'ai abîmé mon corps
sans vraiment savoir pourquoi
pour rejoindre le royaume des morts
sans avoir besoin d'elle
car je fais très bien son travail
tant la mort m'attire comme un aimant

je voudrais dormir
pourtant,
je sommeille des journées entières
sans jamais me lever
sans jamais me laver
en étant juste là
à pleurer
des rivières de larmes sur mes joues
du mascara jusqu'au cou

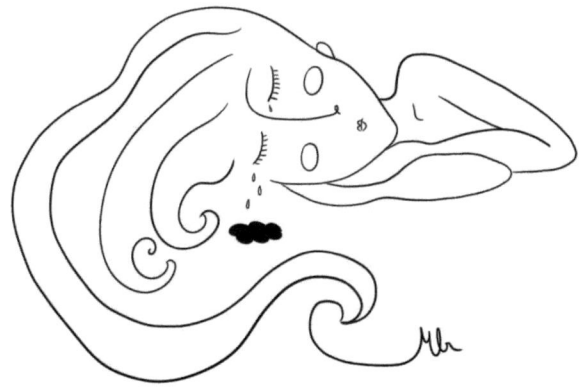

pourquoi ce besoin si violent
de consommer sans m'arrêter
jusqu'à ne plus rien voir
jusqu'à ne plus rien avoir
les ténèbres rentrent dans mon corps
ils me mangent
pour me terminer en pièces
pendant que j'essaie d'être rapiécée
de tous mes péchés

sans cesse dans ma tête
la mort rôde
elle m'enjolive
de mes yeux noirs
sans elle, je ne suis pas belle
alors je me préfère dans la tristesse
parce qu'on se connaît bien
toutes les deux

courbée dans la baignoire
l'eau chaude s'écoule
dans mes yeux c'est le vide
plus rien n'a de sens
cette impression d'avoir disparu
dans un monde perdu
mon âme est noire
c'est une lumière éteinte dans la nuit
je ne sais plus où je suis

pourquoi je suis ici
quelle est la raison de ma vie
je recherche un coupable
pour tout ce chagrin
je recherche un coupable
pour ne plus me sentir fautive
de toute cette lumière
que je n'arrive pas à atteindre

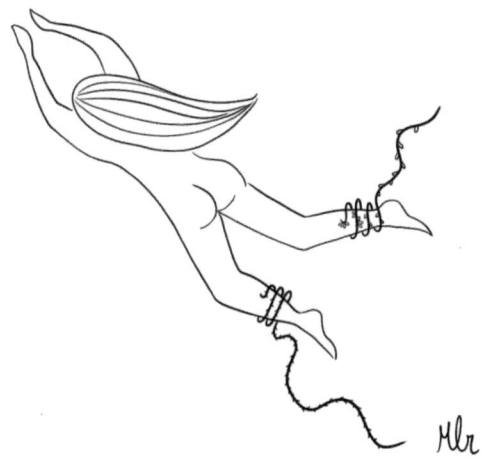

comme une fête en pleine nuit
et ce regret d'avoir trop prit
les lumières colorées des ambulances
rappellent mon absence
je ne marche plus droit
c'est le feu sous mon toit
je m'endors dans le brancard
pendant que l'on me garde éveillée
pour que je ne perdre pas l'équilibre
entre le monde des vivants
et celui des morts

hier soir,
j'ai pensé à toi
parce que ton odeur me manque
et puis tes bras
tous ces dessins que je t'ai offert
j'aimerais t'en faire de nouveaux
mais je ne peux pas les offrir à un fantôme
alors je pleure
en pensant plutôt aux morts
qu'aux vivants

tu m'as hurlé dessus
c'était la première fois
je me suis sentie démunie
honteuse et punie
toi qui n'est même pas capable
de me dire « je t'aime »
ou simplement de me prendre dans tes bras
parce que j'ai besoin d'amour
de baume au cœur
et qu'on me dise « ne t'en fais pas,
je suis là pour toi »

encore une nouvelle nuit à l'hôpital
à attendre ma sortie infernale
parce que je ne supporte pas l'idée d'être ici
à contempler ma fenêtre assise sur le lit
l'odeur de ses longs couloirs assourdissants
de toutes ces infirmières habillées de blancs
et puis mes yeux rouges
à force de pleurer
parce que je me sens seule au monde
autour de ces murs sales
et de tous ses cadavres

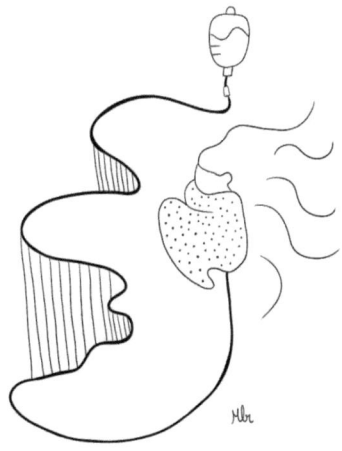

voilà je crois que c'est ça,
je me sens seule au monde
comme si personne ne me comprenait
je me demande où se trouve l'intérêt
de vivre une vie de solitude
à errer dans les rues
à la recherche d'un peu d'amour
pour combler mon désert noir

j'ai sauté dans le vide
dans l'espoir de périr
au fond j'aimerais vivre
mais la souffrance est trop grande
les voix me chuchotent des mots en bande
j'aimerais que ça cesse
pour retrouver le calme
d'une vie sans peur
d'une vie sans douleur

trois heures du matin
l'estomac à jeun
je recherche un dix balles
ma tête a mal
je veux m'enfumer dans l'excès
pour panser mes plaies
c'est une pièce de théâtre
dans laquelle je joue le mauvais rôle
j'aimerais changer
mais je préfère la noirceur
alimentée par la peur

je m'accroche à ma tristesse
avec un grain de maladresse
comme si je l'aimais
parce que si elle disparaissait
elle me manquerait
parce que je la connais
comme des sœurs
à l'opposé des mœurs
nous sommes liées
quoiqu'il arrive
pas pour le meilleur
mais pour le pire

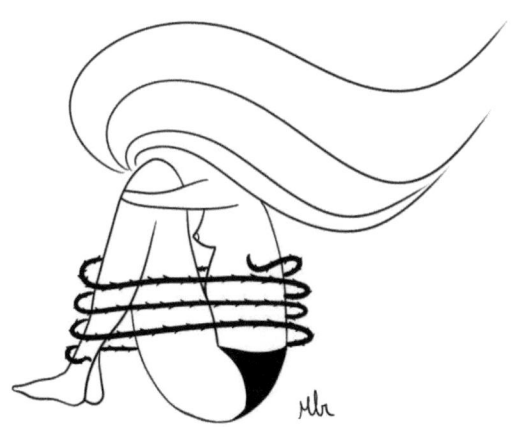

mauvaise passe
ou mauvaise vie
je me pose des questions
c'est un puit sans fond
une mer sans ses côtes
et je plonge
tête la première
et quelque part,
j'espère retrouver la plage
sans tous ces orages

petite,
j'étais déjà une adulte
avec cette peur constante
pour ma mère,
pour mon père,
de mes yeux d'enfant
je ne supportais pas l'idée
de les voir morts
étendus tous les deux
peut-être dans le jardin
peut-être dans la cuisine
alors j'ai grandi plus vite
en chargeant mes épaules
malgré moi

j'ai pris cette habitude
de changer de couleurs de cheveux
à chaque mauvaise période de ma vie
parfois je passais du rouge au bleu
en une semaine à peine
tant j'avais l'impression
que ce changement serait un renouveau
mais après un jour ou deux
la sérotonine retombait
alors je faisais du violet

c'est comme un couteau que l'on te plante
tous ces visages qui te hantent
c'est un parfum aux fleurs fanées
le monde autour est mort
tu avais pourtant promis de me fiancer
au lever du soleil
quand le ciel est rose
que la mer est bleue
mais je n'ai vu que cette couleur
à l'intérieur de mes larmes

des escaliers jusque dans les cieux
je ne me rappelle que de ta voix
à peine, et je supplie mon Dieu
lui qui s'est jeté sur la croix
je me sens souffrir le martyr
et mes sentiments ne fonctionnent plus
tant ils ont été déçus

ma peine ne sera pas allégée
autant continuer à me rabaisser
il n'y a plus d'énergie dans mon corps
seulement des désaccords
j'aimerais en mourir
pour ne plus jamais souffrir
de tout ce chagrin
comme la triste fin d'un bouquin
mon âme est dans l'excès
sans jamais m'avoir demandé l'accès
alors que je pensais
mon cœur verrouillé

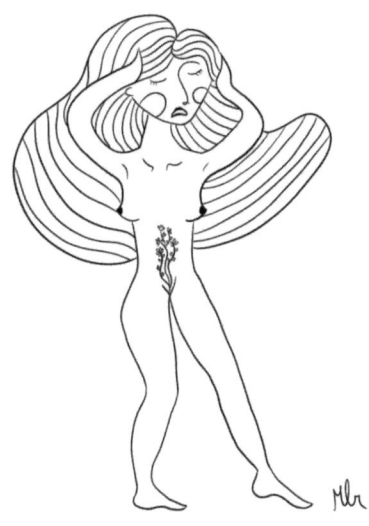

les anges chantent
quand les démons se vantent
mon coeur ne fait plus la différence
à cause de ton absence,
entre le bien et le mal
dans une peine abyssale
je veux me mordre la paume
parce que dans ma tête
ce n'est plus la fête

je noircie les pages
comme la couleur de mon monde
ça dégouline de douleur
je conduis à cent à l'heure
je déroute toutes mes ombres
quelque chose va exploser
mon cœur, mon crâne,
mon corps tout entier

cercle infini
je tourne en boucle dans cette cage
à la recherche de la sortie
à l'inverse d'un vampire
je recherche la lumière
pourtant je vagabonde dans la nuit
et je suis perdue en pleine forêt
avec cette souffrance,
qui me brûle la rétine

mon enveloppe ne supporte plus
je vais lâcher les rennes
l'air est lourd
comme dans une boîte hermétique
la vie est pesante
je suffoque dans un monde
que je ne comprends pas
un monde de tristesse
où la colère prend place
parce que si je ne peux pas mourir
je peux me permettre de tout détruire

la tension monte
frustrée, je tremble
je sens que mon monde est rouge
et que les lumières s'agitent
comme si c'était l'apocalypse
dans la destruction je retrouve un peu de vie
dans la destruction je veux me détruire
jusqu'à en mourir

II. C'est la rage qui parle

je veux frapper ma tête contre un mur
toute cette tension qui me monte
c'est ingérable
un sentiment effroyable
je veux mourir
c'est la rage qui parle
comme un fœtus
elle grandit dans mon ventre
et elle va faire des ravages

je ne comprends pas
d'où vient toute cette colère
quand elle est là
et qu'elle monte crescendo
à en détruire des immeubles entiers
comme un chantier abandonné
à crier sur tous les visages
à deux cent les virages

je suffoque
autour l'air manque
mon corps
comme de la poussière
et ma tête
comme un champ de bataille

j'entends
les murs parlent
à m'en rendre complètement parano
et puis ma rage,
elle est aussi grande que moi-même
à croire que je n'ai pas envie qu'on m'aime
tant ma haine est surhumaine

des couteaux dans le dos
tu m'as trahi sans t'arrêter
sans jamais t'excuser
j'ai confiance en toi
et la minute d'après je te déteste
je suis un champ de destruction
il n'y a plus aucune dévotion
à tel point que je t'éloigne
même si je veux de toi
notre amour est devenu un poids

anesthésiée
je ne les sens plus sur mes joues
mes larmes
mon corps est en ébullition
il ne manque qu'un coup de ciseau
pour que le fil de ma vie saute
plutôt que de s'entremêler
sans jamais s'arrêter

le chanvre apaise ma douleur
j'aimerais éloigner mes peurs
c'est de la survie
les mains entrelacées
je prie Dieu pour me sortir de mes pensées
qui est ce Diable qui m'habite
c'est la couleur rouge dans ma tête
comme l'eau qui bout à cent degrés
je me sens possédée
j'ai mal au cœur
touche-le
tu verras
il ne bat pas

elle m'a dit que c'est ça la vie
mais si c'est le cas
je déteste cette vision
j'ai la haine contre le monde
comme toi
tu as dévasté mon regard
biaisé ma réalité
et mon chemin est brisé

La colère. La colère elle m'attrape par la gorge, me frappe contre les murs, atrophie mes pensées. La colère me tue à petit feu, tout doucement, mais violemment. Comme si elle m'aimait, elle me prend comme un câlin, m'embrasse comme un baiser, puis elle serre ma gorge, un peu, beaucoup, violemment. C'est comme une relation toxique. Elle te prend tout, jusqu'au dernier souffle. Jusqu'au sang, jusqu'à la fin de tout.

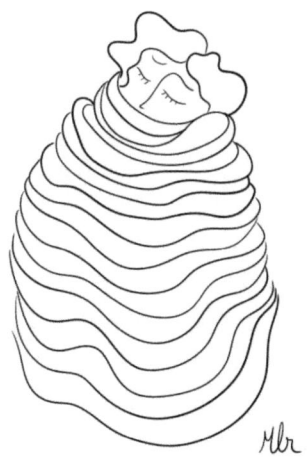

dans un regard noir
je me suis perdue
dans une étendue de larmes
je me suis noyée

dans mon cœur c'est l'incendie
continuez,
déversez autant d'essence que vous le pouvez
faites tout brûler
mon corps et mes sentiments
plongez-moi la tête dans l'eau froide
pour me faire revenir
parce que je suis partie trop loin
et que je peine à revenir
sans être pleine de rage

deux heures du matin
je sors de chez moi
d'une démarche agressive
la dégaine pleine de haine
comme une veuve
je ne m'habille plus qu'en noir
il n'y a plus une seule couleur
et mon visage est pâle
mes cernes sont grandes
je pleure de l'intérieur
et je fais mine de rien à l'extérieur

mauvaise humeur
plus le temps de calculer l'heure
dehors il fait noir
pourtant le jour se lève
le monde autour n'a plus d'importance
j'ouvre une nouvelle bière rouge
prépare une nouvelle trace
pour prolonger ma destruction
et plonger plus profondément
dans l'addiction

cinq heures du matin
l'odeur du béton mouillé
cagoulée pour changer de personnalité
à pieds, loin du centre ville
je rentre sous la pluie
un homme me suit
je lui hurle dessus
et je découvre
que je suis au paroxysme de ma colère

je ne sais plus combien de fois
je me suis retenue de hurler sur toi
pourtant toi,
tu ne te gênais pas

une pièce aux néons rouges
je m'accommode à cette couleur
la même que celle du Diable
les deux cornes sur la tête
je me tâte à refaire la fête
pour oublier tout ce mal
pour oublier que j'ai bien trop mal

je me rappelle de toutes ces fois
où je t'ai vu hurler sans jamais t'arrêter
je crois que je tiens de toi
même lorsque j'étais enfant
tu criais sur le monde entier
mon petit corps était tétanisé
et mon monde est devenu une psychose

j'aimerais te partager toutes mes nuits
dans mon petit appartement
à imiter un saule pleureur
en finissant chaque soir en pleurs
une fois la colère retombée
mon cœur ne guérit pas
parce que tu l'as piétiné sans t'arrêter
quelque chose me dit que,
ma tristesse se transforme en haine
et que mon sang ne fait qu'un tour
je passe du rire aux larmes
des pleurs aux hurlements
et ce, en un quart de temps

montre-moi ton visage
car je sais les reconnaître
les âmes en colère
celles dont les yeux sont noirs
et les phalanges bien rouges
ces cœurs meurtris
que personne n'envie
mais qui sont pourtant,
bel et bien en vie

je n'oublierais jamais ce soir-là
quand tu es venu récupérer tes affaires
pour ne plus jamais revenir
je t'ai couru après pour te retrouver
sous la lumière des lampadaires
essoufflée je t'ai arrêté
tu m'as regardé droit dans les yeux
en me traitant de sale droguée
et alors je t'ai regardé partir avec tes sacs
honteuse je me suis retournée
et de là mon cœur s'est brisé
j'ai longtemps pleuré
jusqu'à-ce que je crois en tes derniers mots

un nouveau soir dehors
quelque part à la recherche des aurores
ma poitrine est un feu de forêt
juste avant je hurle dans la taie
je ne suis plus là pour eux
mais pour ce que je vais prendre ce soir
de nouveaux produits
pour anesthésier mes pensées
inconsciemment j'obéis à tes dernières paroles
petit à petit je me détruis
d'un côté c'est pour m'enfuir
d'une certaine manière c'est pour ne plus souffrir

de toutes mes larmes
j'en suis aveuglée
encore un soir par terre
sous les bras des uns
et les bras des autres
je tente de tenir debout
malgré tous les grammes dans mon corps
et je pleure
ce soir-là j'échappe tout
je m'écroule complètement
je perds pied
parce que tu n'as pas emporté
ma souffrance en partant

j'entends le vent
les fenêtres toujours ouvertes
pour ne pas attirer l'attention des voisins
j'ai mal au crâne
mais j'en fume un énième
pour ne plus penser à la douleur
celle à l'intérieur de mon cœur
il est complètement brisé
je ne songe même plus à recoller les morceaux
parce que je veux seulement mourir
pour ne plus jamais vivre
mais j'ai peur de l'après
j'ai peur de ressentir cette douleur encore
dans un autre monde
quelque part,
après le suicide

fumer me rend de plus en plus froide
comme un escargot dans sa coquille
je me sens tellement vide
parce que mon monde tournait autour de toi
je n'entends même plus le son de ta voix
ta présence était dans mes plans
mais je me retrouve seule
à regarder ce vieux tilleul
ces écorces meurent comme nous
et cette assiette
je la fracasse contre le sol
pourtant je ne me sens pas mieux
je regrette seulement
de ne pas avoir le courage
d'en finir

je peine à ouvrir ma porte d'entrée
parce que je suis arrachée
encore une soirée déjantée
à m'en mettre plein la gueule
jusqu'à me retrouver toute seule
je referme la porte derrière moi
je tombe et je renverse un meuble
tant pis,
d'abord je m'allonge sur le canapé
deux minutes seulement
puis,
le noir complet

je ne veux pas mourir
je veux que la souffrance s'arrête

petite
j'étais comme la rebelle
à hurler sous tous les toits
pour que quelqu'un m'entende
qu'on me tende la main
parce que j'avais besoin que l'on m'écoute
pour faire taire cette douleur
pour calmer mes pleurs
mais j'avais l'impression d'être seule au monde
dans une bulle de chagrin
à attendre sans cesse que l'on me tende la main
mais il n'en est rien

comment faire taire la colère
quand on l'utilise pour se faire entendre
comment faire taire la colère
lorsqu'il n'y a plus qu'elle
j'aimerais la détruire
lui dire de partir
mais elle persiste
comme une sangsue
elle aspire chaque parcelle de mon âme
pour la rendre détestable
et pitoyable

je n'ai plus la force d'aller à l'encontre des autres
alors je me retourne contre moi-même

pour canaliser la colère
je me renferme sur moi-même
pour faire déguerpir les idées noires
je m'absente de mon propre corps
je sors tous les soirs dehors
pour ne plus rien ressentir
j'attends que la faucheuse vienne
m'attrape et me laisse en peine
ma tête me fait mal
pitié sortez-moi de cette boucle infernale

la petite fille en moi crie encore
elle n'a que ces souvenirs en tête
elle me regarde faire la fête
c'est la chute libre d'un ange
quand l'obscurité me mange
je ne sais plus quoi faire d'elle
parce que je la tue petit à petit
sans aucune merci

j'aimerais écrire sur ce souvenir
quand il a glissé sa main dans ma culotte
mais je ne trouve pas les mots
tant la douleur est immense

alors que j'étais défoncée
ce n'est pas une raison
il m'a touché
il m'a embrassé sans ma volonté
il a prolongé ma douleur
alors que j'étais tétanisée
incapable de bouger
personne ne le sait
mais il m'a traumatisé
ensanglanté
forcé
mon corps ne répondait plus
mes pensées se sont anesthésiées
je voyais la scène depuis le plafond
en étant incapable de faire quoique ce soit

maintenant,
je me sens sale
entourée de pensées bestiales
mon cœur est mort de peur
je n'ai plus aucune valeur
je veux juste boire un verre
et creuser ma tombe dans la terre

à nouveau je pleure
j'ai mal de l'intérieur
je ne comprends pas
d'où vient toute cette colère
toute cette misère
j'ai rencontré la nuit noire
et depuis j'attends que le jour se lève
peut-être que je suis en plein cauchemar
j'en ai simplement marre
d'attendre le bonheur
alors qu'il a loupé l'heure

je crois que je ne m'en suis jamais remise
de ton départ dans mon cœur
à l'ombre d'un arbre
je me cache du soleil
parce que j'ai peur
qu'il me brûle les ailes

c'est parce que je t'ai tellement vu en colère
quand tu buvais plusieurs bières
et que ta personnalité changeait
comme si tes peurs remontaient
et alors tu n'étais plus la même personne
et de là tu m'abandonnes
avec une personne que je ne connaissais pas
alors qu'il s'agissait simplement de toi

j'ai le mot « amour » tatoué sur la poitrine
et pourtant mon cœur vacille
quand je dois apprendre à aimer
sans avoir la peur d'être délaissée
ce n'est qu'un traquenard
une âme perdue comme un renard
là quelque part, dans la nuit noire

III. L'amour me fait mal au cœur

le ciel s'ennuie
quand l'horizon est bien gris
comment apercevoir le soleil
quand il n'y a que la lune là-haut
les ténèbres m'engouffrent
Dieu m'avait pourtant prévenu
mais je ne l'ai pas cru
alors,
quand reviendra-t-il
le soleil ?

j'aimerais te dire « je t'aime »
avec la même résonance qu'avant
mais je me suis oubliée dans ta présence
je me suis tuée dans ton absence
mes « je t'aime » ressemblent à l'obscur
ils cachent des ombres
après les colombes

ces soirées où tu passes ton temps à penser
quand tu ressasses tes pires souvenirs
je supplie Dieu pour un retour en arrière
la nuit mes cauchemars se multiplient
je vois le ciel de plus en plus gris
l'orage aussi
comme une aiguille dans une botte de foin
je recherche la lumière dans le noir

tu m'as abandonné
je me suis vu mourir
comme si chaque respiration étaient un coup

cette envie irrépressible
me donne l'impression d'être invincible
je veux en reprendre encore
pour revoir les couleurs bicolores
mais si je ne prends rien
je veux mourir
me faire du mal jusqu'à en pourrir
pour ne plus jamais vivre

j'ai disparu des photos en grandissant
le silence est devenu assourdissant
je n'oublierais jamais le ciel qui pleure
toutes ces nuits à ne plus regarder l'heure
tant le lever du soleil me brûlait la rétine
complètement excitée par la cocaïne

le ciel est gris
je le vois à travers la nuit noire
à force d'être en train de boire
ma réalité est modifiée
mon cœur a été pillé
le problème vient peut-être de là
alors j'aiguise ma plume
au loin dans les dunes

t'avoir quitté m'a laissé un vide
dans la nuit je ne suis plus lucide
je me demande si je peux vivre sans toi
tu as laissé ton odeur sur mes draps en soie
comment t'oublier dans un monde sans étoile
j'ai peint des centaines de toiles
tous ces visages me rappellent ton absence
alors que tu étais mon essence

et cette envie irrépressible
celle qui va à l'encontre de la Bible
je veux consommer
jusqu'à m'en oublier
pour ne plus voir l'horreur
de cet enfer accusateur
dans ma tête c'est la lumière rouge
elle clignote comme une détresse
et se pointe toujours comme une déesse

j'ai trouvé un remède dans mes cahiers
les lettres et ma plume sont mes alliées
engouffrée par les ténèbres
ma vie est un blême
je te demande de devenir ma muse
pour vider mon encre jusqu'à ce qu'elle s'use

Et si je te disais que si je ne t'avais jamais rencontré, mon âme aurait continué à errer seule dans le noir. Tu as apporté des couleurs à mon monde, comme les aurores boréales d'un soir d'hiver. Nos cœurs se sont accrochés et je t'ai tellement aimé. C'est douloureux de ne plus voir aucune couleur parce que tu es parti. Je devrais compter sur moi-même pour retrouver des lueurs, mais sans toi je n'y arrive pas, sans toi c'est la cata.

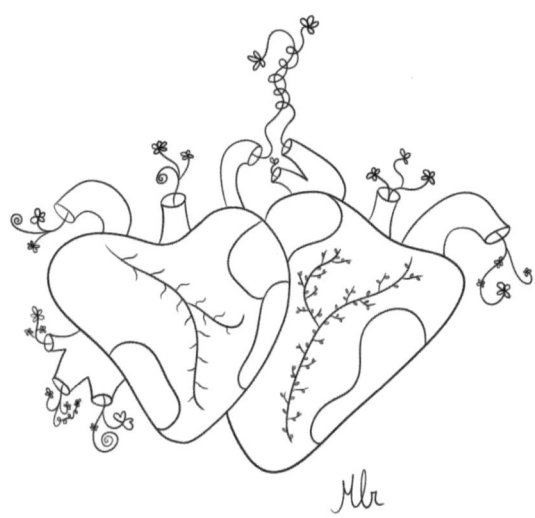

toutes ces voix dans ma tête
je suis mal dans la fête
où est le chemin vers le bonheur
parce qu'il a raté l'heure
je fume des dizaines de clopes
et la plante aux effets psychotropes
pour oublier le noir
et mon visage couleur ivoire

le manque de toi
me fait perdre la foi
j'ai prié pour te retrouver
sans jamais t'enlacer
j'enterre mes souvenirs
mais la terre veut les faire ressortir
comment veux-tu que je guérisse
quand ton visage apparait dans notre exil

dans mon monde il fait froid
parce que tu n'es plus là
dans ma tête c'est la guerre
mais je ne peux pas prendre les armes
j'ai peur de finir dans l'oubli
car je suis fatiguée d'être en vie

sans toi je survole les pages
tous les mots me font penser à toi
la vie entière me rappelle toi
je ne sais plus où aller
car ma maison est noyée
ma tête épuisée
et mon corps comme mort

ta peau me manque
quand tes mains effleuraient les miennes
avant que ce soit de l'histoire ancienne
tes baisers sur mon ventre
tes yeux qui regardent les miens
noirs comme les abysses
j'ai ressenti de l'amour
avant qu'il ne dérive pour toujours

si je prends autant de drogues
c'est sûrement pour combler un vide
je recherche l'énigme
parce que depuis que tu n'es plus là
je me rapproche du ciel
pour rejoindre l'éternel
je veux fuir la vie
les responsabilités
les rencontres
le futur
le présent
pour ne vivre que dans le passé

ce vide,
c'est toi

je ne comprends pas comment c'est possible
de se voir vivre l'un sans l'autre
de quitter quelqu'un que l'on aime
et qui nous aime en retour
je ne le comprendrais jamais
car quand on aime
on ne détruit pas tout
on consolide le bâtiment
on remonte les briques
mais tu n'as fait que donner des coups de pieds
dans nos existences où l'on pensait être alliés

comme le Minotaure dans le labyrinthe
je fais des tours en prenant de l'absinthe
mon corps sommeille en éveil
mais douloureux est le réveil
je m'absente une seconde
deux années se sont écoulées
j'ai perdu la notion du temps
car elle déguerpit comme le vent
à pleurer seule dans le noir

j'aimerais que tu me regardes
comme au premier jour
étincelles d'amour
pensées électriques
pour une tête métallique
mon cœur se referme
dans une bulle tu m'enfermes
parce que mon monde tourne autour de toi
je tangue, mon corps ne tient plus droit
alors je bois, en pensant à toi

nos âmes s'effritent
une légère odeur de shit
je détruis les dernières parcelles de nous
je t'aime
je ne t'aime plus
je n'en sais rien
pourquoi je passe mon temps à y penser
ce n'est qu'un amour de jeunesse
mais dans ma poitrine c'est la grande détresse

je m'efforce à penser à toi
pour ne pas t'oublier
pour ne pas t'exiler de mes pensées
tu m'as laissé un vide
comme une bouteille à la mer
j'attends de l'aide
je redoute la foudre
je veux tout exploser
tout exposer
mes sentimens
ma chair
et mon cœur à vifs

dis-moi ce qu'il nous fallait
pour éviter qu'on s'emmêlent
pour contourner les hurlements
car tout l'immeuble est au courant
et puis tes coups
tes mains autour de mon cou
jamais
jamais je n'oublierais

je t'ai aimé sans compter
j'ai voulu croire
que l'amour était plus fort que tout
j'ai voulu croire
que tu t'excuserais
pour tout le mal que tu m'as fait
mais l'amour ne suffit pas
l'amour ne suffit pas quand le reste ne suit pas

j'ai comme l'impression
que l'on m'arrache le cœur
que l'on m'écrase la poitrine
à l'intérieur il n'y a que de l'écho
c'est vide de tout
je n'ai plus d'amour
je ne ressens plus rien
tant ton départ m'a anesthésié

je me souviens quand on faisait l'amour
c'était doux et violent
un peu comme nous
la tempête qui rencontre l'orage
des étincelles et des bagages
des adieux qui ne sont que des au revoir
parce qu'il y a toujours une raison pour se revoir
mais le mal est fait
la tentation est grandissante
et la fin est resplendissante de douleur

Je ne fais que de parler de ton départ, mais à vrai dire c'est moi qui suis partie. J'ai déserté notre amour pour mieux me retrouver. Et puis, j'ai sombré. Tu es comme l'eau pour vivre, j'ai besoin de ta présence dans mes veines, de tes yeux dans mon regard, de ta main sur ma cuisse. Ton absence est une souffrance sans nom, un visage qui ne porte plus aucun nom. Dois-je parler de toi comme d'un inconnu ? Dois-je arrêter d'écrire sur toi, où dois-je inventer un personnage similaire à toi ? Personne ne sait que je parle de toi, ne t'inquiète pas. Je parle de toi parce que je parle de toi. Parce que je ne peux plus m'arrêter de penser à toi depuis notre rencontre sous la nuit noire, en dessous des étoiles. L'odeur de l'alcool dans nos bouches, nos deux corps qui tanguent, notre premier baiser dès notre rencontre. Je n'oublie rien, tu sais. Je n'oublie pas à quel point tu as été là pour moi. Je n'oublie pas à quel point tu m'as détruite. Il n'y a plus de machine arrière, pas de retour dans le passé pour tenter de réparer nos erreurs. Maintenant, le mal est fait. Maintenant, je dois t'oublier. Mais le problème, c'est que je ne veux pas t'oublier. Mais comment te garder dans un coin de ma tête sans que ces pensées me fassent souffrir. J'aimerais perdre la mémoire, pour ne plus penser à toi et en même temps je bénie le ciel pour ne pas t'avoir oublié. Parce que tu es celui que j'ai choisi, pour le restant de ma vie, même si quelqu'un d'autre viendra jusqu'à moi, tu seras l'homme du bar, l'homme de la plage, l'homme qui me prend toujours en vidéo quand je ris. C'est ce dont je veux me souvenir.

j'aimerais que l'on me rassure
des pansements sur mes blessures
l'hémorragie ne s'arrête pas
j'ai de la tristesse comme aura
des larmes à revendre
des armes à reprendre
pour me préparer à la vie
mais mon chagrin ne donne pas envie

je t'ai toujours dit que je n'en pouvais plus
tu es toujours revenu
et quand je t'ai dit que je ne t'aimais plus
tu n'es pas revenu

j'ai mal au cœur
de t'avoir laissé
d'être revenue
puis repartie
sans arrêt
parce que,
je ne savais pas ce que je voulais

je t'en veux toujours
d'avoir délaissé notre amour
je t'en veux toujours
de m'avoir laissé sombrer dans les abysses
de m'avoir laissé me faire du mal
de t'avoir laissé me faire du mal
je t'en veux toujours

et puis je pleure
pour libérer la douleur
mon chemin est nébuleux
mon chagrin est contagieux
comment sortir de ce cercle ?
dehors c'est l'averse
j'entends le tonnerre
et les ambulances qui s'amènent
parce qu'encore une fois,
j'ai dérivé en beauté

mon âme s'emmêle
derrière moi les démons viennent
de leurs cornes rouges
ils m'attaquent comme des louves
pour me protéger du bonheur
et m'accrocher au malheur

mon cœur est noir
mon encre vient de lui
les mots s'enchaînent
pour venir briser mes chaînes
ma plume offre des battements d'ailes
pour décrire ma peine verveine
dans un coin de ma tête
loin de toutes les fêtes

j'ai sauté dans le vide
en espérant que Dieu me guide
mon monde est noir de lumière
mes réactions sont lunaires
je passe de l'été à l'hiver
en un seul claquement de doigt
du chaud au froid

sans toi l'amour n'a plus de sens
je souffre de ton absence
c'est un deuil que je ne veux pas faire
parce qu'il est trop difficile de me taire
en te laissant partir comme un bandit
tu as volé mon cœur
et j'ai besoin que tu me le rendes
pour que je puisse aimer quelqu'un d'autre

je réécoute *4000 îles*
prête à tomber dans le vide
les larmes reviennent
je te pleure comme une veuve
je te laisse partir
pour mieux vivre
ce mariage sur la plage
emmène-moi
emmène-moi
fais taire le vacarme de mes idées noires
il n'aura pas lieu
mais c'est pour le mieux
Adieu

Des mois après, tu es toujours le fond d'écran de mon ordinateur. On m'a dit de t'oublier, parce que tu fais partie du passé. Mais je crois que je n'ai pas envie de te laisser partir tout de suite. Tu étais là, tu es là et tu seras toujours là. Non, je ne veux pas t'oublier. Petit à petit, j'apprends à me détacher. Je ne veux pas t'arracher de mes pensées simplement parce que nous nous sommes séparés. Tu es aussi celui qui m'a élevé dans ce chemin vers la lumière, et ce petit bout de toi dans mon ordinateur me donne encore cette sorte de force pour continuer, même si cette fois, je suis seule à cheminer. Tu es venu un temps, tu es parti, mais rien ne changera le fait que tu as été là et que tu le seras toujours, d'une manière ou d'une autre. Lentement, je découvre d'autres choses, et puis je changerais ce fond d'écran pour un ciel étoilé, une photographie entre amis, une tasse de thé, une phrase qui m'aura marqué. Mais pour le moment, je te laisse encore un peu de temps et un peu de toi dans mon quotidien.

IV. J'aperçois un peu de lumière

vers le ciel à ma fenêtre
je me demande comment renaître
pour ne plus me battre sans arrêt
voilà que je tire un valet
je dis vouloir mourir
mais pourtant je me rate toujours
je me réveille chaque jour
un ange me protège
parce qu'il sait que je veux vivre
parce que mon seul souhait
c'est d'interrompre la souffrance

J'aimerais te dire tout ce qu'il se passe à l'intérieur de moi, tout ce que tu ne vois pas, tout ce que je n'arrive pas à te dire, par peur d'être de trop, par peur de ne plus être à la hauteur. J'aimerais te dire qu'il y a les mots, et que je ne peux compter que sur eux pour me faire parler. J'aimerais te dire toutes les choses du monde, mais il n'y que de cette manière que je peux m'exprimer. Ma parole à moi est une parole silencieuse qui fait du bruit.

parfois je ne sais plus quoi écrire
parce que ma tristesse s'envole
en partant elle me vole
ma plume disparaît
pourtant elle est toujours là
mais je ne sais plus quoi écrire
parce que le chagrin est mon inspiration
et que sans lui je pleure
parce que mon cœur ne trouve pas les mots
pour décrire la paix que je ressens
à l'intérieur de ma poitrine

une chance sur deux
à chaque pas sur ce lac gelé
j'hésite et je tombe
une nouvelle fois je sombre
pourtant la Terre tourne
et moi je cours derrière la lumière
à vouloir atteindre le sommet
pour crier victoire
aux yeux du monde
pour me faire savoir que la bataille est finie
que les fleurs éteintes se sont raffermies
et que la vie autour est vivante
comme moi

je me rappelle de toutes nos nuits
à revivre le fruit d'un amour perdu
sans toi je ne serais pas moi
sans toi je ne serais pas là
alors je te remercie pour l'obscurité
qui s'est transformée en lumière

un voile bleu sur la tête
et je prie Dieu
pour retrouver la passion
parce que je me suis perdue
sans jamais savoir où je vais
j'aimerais retrouver la vraie moi
m'éloigner du mal
parce que ce n'est pas normal
de pencher vers les ténèbres

comme les premiers jours de neige
je retrouve la douceur d'un monde oublié
et me voilà enchantée
d'avoir à nouveau un regard d'enfant
au-delà de toute la tristesse accumulée

et le monde ne m'attend pas
c'est à moi de le rattraper
je sais que l'on veille sur moi
je ne veux plus penser aux morts
mais m'attarder sur les vivants
parce que ceux qui restent ont besoin de moi
comme moi
j'ai besoin d'eux

un regard sur tes lèvres
mes yeux ne regardent qu'elles
en suspens
j'imagine les miennes sur les tiennes
comme un soir d'été
à boire sans raison
et sentir un goût sucré
le temps d'un baiser

m'émerveiller
face au ciel levé
Dieu merci,
voici une nouvelle journée
jamais je n'aurais cru
que la lumière viendrait dans les fissures
pour pénétrer dans le noir
et venir me chercher
en haut de ma tour
comme une princesse
me voici enfin libérée
prête à découvrir le monde
à nouveau
après des années
à contempler l'obscurité

emmène-moi
loin de tout avec toi

je ne suis plus cette coquille vide
celle qui attend d'être sauvée
à mon tour j'ai plongé
vers l'inconnu
parce que je n'ai plus peur
de ressentir cette douleur
j'ai esquivé la défaite
vécu dans les cieux
maintenant que je redescends
le monde ne me fait plus peur

je suis comme une plante sans terre
je recherche la lumière
j'ai perdu mes racines
le feu autour me calcine
mais ce n'est pas grave
parce que le jour va se lever
et la nuit se coucher

apprendre à se réapproprier son corps
décaper la saleté qu'ils m'ont laissé
j'aimerais boire un verre pour oublier
mais mes pensées affrontent la réalité
mes blessures effleurent la plaie
les hommes m'ont déçu
mais je ne tomberais pas cette fois
je vais me relever encore une fois

moi aussi j'ai vécu le *cœur violet*

je demande pardon à mes proches
pour toute la douleur
à cause de mon cœur
ma souffrance est la leur
les roses blanches sont devenues noires
comme un fruit pourrit
j'ai contaminé les autres

promis tout ira mieux
quand la nuit aura disparu
les ténèbres s'en iront
je veux voir le soleil
sentir sa chaleur
et une odeur vanillée
qui me rappellera l'été

on avait tout pour être heureux
mais on était malheureux
perdus tous les deux
dans la nuit noire
un verre de whisky
des baisers alcoolisés
on pensait vivre
mais on était des morts vivants

t'avoir quitté m'a soulagé

à force d'avoir grandi dans la tristesse
c'est ma sérotonine qui est en baisse
je veux toucher à la quiétude
pourquoi pas changer mes habitudes
pour retrouver le droit chemin
et m'éloigner des baratins
mon cœur est noir
pourtant il est rouge,
je le sens maintenant

il y a des étincelles
là-haut vers la lumière
c'est une porte ouverte
une invitation comme une lettre
je peux presque la toucher
et l'embrasser

je chante des louanges
pour celui qui m'a sauvé
je reviens des Enfers
je ne veux pas y retourner
je crois à mon chemin tout tracé
je fais confiance à Dieu
au croisement de tous les lieux

je repense à l'Amour
tatoué sur la poitrine
il me rappellera toujours toi
quoiqu'il arrive
tu es l'unique
qui m'a aimé
et brisé en même temps

je me rappelle de ces jours d'été
à parler sans jamais s'arrêter
sur nos deux chaises en osiers
tu me prenais en photo
comme une œuvre d'art dans un musée
mais c'est loupé
le train est déjà passé

j'affronte mes traumatismes
pour renaître comme une fleur
mais cette fois ce n'est pas un leurre
je compte bien attraper la lumière
l'étriper pour qu'elle reste à mes côtés
parfois je veux tout casser
mais ce n'est pas la bonne manière
pour se sentir entière

ce n'est pas de ta faute
si les autres ont abîmé ton cœur
comme un jardin
fais-le fleurir
pour ne plus jamais fuir
ni partir

je déteste les adieux
pourtant j'en ai des millions à faire
si je veux changer de vie
je dois accepter les compromis
et laisser les personnes du passé
dans le passé

mon cœur aura bien eu du mal
à soigner cette plaie fatale
les fleurs renaissent
dans un bain au lait d'ânesse
je le vois dans ton regard
que je ne suis plus la même
et que le printemps s'amène

on s'en ira danser comme les fous
j'en écrirais un livre
des mots sur notre amour
des sentiments qui durent longtemps
pour l'éternité
la douleur m'a forgé
et je n'ai plus peur de t'oublier

et puis un jour
on partira
comme tout le monde
alors je cours après la lumière
je la poursuis comme un loup
prête à dégainer pour l'attraper
je finirais par mourir
alors quoiqu'il arrive
je veux rester pour vivre
et faire de chaque instant
une minute de sérénité
plutôt que de courir après la mort
je veux courir après la vie

depuis enfant
j'imaginais un beau temps
pour remplacer les jours noirs
par des jours de Soleil
et maintenant,
ils arrivent

peut-être qu'on se retrouvera
des larmes de regret sur les joues
l'amour n'est finalement pas mort
il est tout autour
pendant que j'avance
je marche en avance
même si les autres me regardent de travers

j'ai encore fumé
et pour la première fois
j'ai senti mon cœur me crier victoire
je n'aime plus la défonce
et ces tentations qui m'enfoncent
Dieu je me rapproche de toi
pour affronter mes blessures
et toutes les fissures
je prie sous le ciel scintillé
et je vois la vie comme un baiser

ce que j'ai appris de l'amour
c'est qu'il ne fait pas tout
si on ne s'aime pas soi-même
on tente de chercher l'amour ailleurs
sans s'occuper de son propre cœur
ce que j'ai appris de nous
c'est que je ne m'aimais pas du tout
alors je te donnais tout
pour me sentir aimée
plutôt que d'affronter la vérité

T'avoir quitté m'a fendu le cœur en deux. Depuis, je peine à recoller les morceaux. Ton ombre marche à côté de la mienne en permanence, sans que je puisse lui dire au revoir, ou adieu. Les adieux me font trop mal, et pourtant j'ai l'impression d'être délivrée de mes sentiments. Parfois, je ne ressens rien du tout, pas même une once de dégoût. Mon âme se protège de tout, de toute chose en tout temps. Voilà que s'amène le vent. La rafale de ton absence me tape en plein visage. Cette fois, les sentiments reviennent et je souffre. Je souffre de ton absence et de notre futur qui s'en va aux oubliettes. Pourquoi les histoires d'amour terminent toujours aussi mal ? Peut-être parce que je n'ai pas compris la véritable définition de ce qu'est l'amour. Dans un regard je recherche l'approbation, dans une parole je recherche une consolation. C'est l'insécurité qui parle, le manque de confiance en soi qui hurle. C'est un grand silence autour de moi, mais de grands cris à l'intérieur de ma poitrine. Ton ombre marche encore à côté de la mienne, mais ce n'est pas grave. Je crois que j'ai enfin compris ce qu'était l'amour. Dans un moment de flottement, je parle à Dieu. Il ne m'abandonnera pas, ne me jugera pas, tout le contraire, il vient me fortifier, m'aimer. Tu as disparu de ma vie et je l'accepte. Ton ombre reste là, et elle sera toujours à mes côtés quoiqu'il arrive. Parce que tu as compté pour moi, tu m'as aimé de toutes tes forces, comme moi pour toi. Adieu *mi amor*, je n'oublierais jamais nos baisers sous le ciel étoilé, ni nos enlacements passionnés. Je te dis adieu, parce que parfois, c'est pour le mieux.

te dire Adieu
c'est pour le mieux
l'amour me tourne autour
comme un gentil vautour
et j'ai enfin compris
qu'il n'y avait que moi
pour me combler
et me donner ce que je mérite

La beauté du minuscule, quand on s'éloigne de la beauté du grand. La contemplation d'une émotion douce, quand on l'effleure du bout des doigts, pour ne faire plus qu'un avec les petites choses. L'art de voir l'art. L'art de regarder le monde, d'imaginer une fleur qui naît, de son abeille qui la butine, du frémissement des feuilles de cet arbre, ou le crissement d'une voiture à la rencontre de ce boulevard. De s'émerveiller d'un baiser, d'une courte étreinte qui s'éternise dans nos pensées. C'est la poésie d'un monde, le vent d'une vie qui s'apprécie en quelques décennies. La contemplation d'une terre à laquelle on a posé nos pieds, du ventre d'une mère dans lequel on est né. La contemplation c'est regarder de nos yeux d'enfants, de ceux qui ne nous ont jamais vraiment quitté, mais que l'on a inlassablement délaissé. De ma vie qui défile comme cette rafale de février, je veux passer mon temps à contempler.

seule dans ma chambre
je danse
pour célébrer la vie
alors que je pleurais ma vie
je ne bougeais plus de mon lit
mais la lumière s'allume
mon existence est légère comme une plume
alors je danse
sans penser à demain
ni-même au surlendemain
seulement à maintenant
mon corps s'allie à la musique
et l'amour ne fait plus qu'un
avec mon âme déteinte

dans un grain d'espoir, j'ai vu ma fleur renaître.

Le plus fondamental à retenir, c'est l'amour. Même après tous les coups, tous les pleurs, toutes ces fois où nous frôlons la mort, toutes ces disputes, ces relations qui nous détruisent, cette haine qui nous anime et nous dicte dans les moments de faiblesse, ne cessons jamais d'apporter de l'amour aux autres et à nous-même. Il ne faut jamais freiner ses émotions, ces ressentis et tout ce que le corps nous raconte à travers nos maux, mais plutôt d'apprendre à les accepter. Se laisser aller, puis se relever, avec encore plus de puissance et plus de courage. Sans embûche, la vie n'est pas vraiment la vie. C'est comme une course à pied dans une forêt, on doit sauter par dessus des troncs et des ronces. Si l'on vient à trébucher, il faut se relever. Une pause ne fait pas de mal de temps en temps, parce que le corps a besoin de repos. Il ne peut pas courir sans arrêt, sinon il va se faire souffrir. Mais, il ne peut pas non plus rester allongé dans la terre, à juste attendre que quelqu'un vienne le relever. Parfois, on peut croiser un autre coureur, qui peut nous aider à nous redresser. Cependant, il doit aussi se remettre à courir, pour ne pas perdre de vue son propre chemin. L'important, c'est de ne pas le faire tomber lui aussi. Vice-versa : ne tombez jamais pour avoir tenter de ramasser quelqu'un. Ramassez-le seulement s'il décide de reprendre le chemin pour courir de nouveau. Il peut marcher au début, puis avec de l'amour et des encouragements, il va petit à petit reprendre la course. La chose la plus importante est de savoir apprendre à laisser quitter le navire ceux qui ne veulent pas être sauvés. Ce n'est pas de l'égoïsme. L'égoïsme c'est de vouloir emmener quelqu'un avec nous dans le fond, pour ne pas se retrouver seul dans le noir.

Bénédicte, une âme bleue

Pour vous